Pour G·L·P·E·E

Hartmut Aufderstraße

CHUTÉ DANS LE TEMPS

Pensées poétisées

Mentions légales

© 2021 Hartmut Aufderstraße

Édition : BoD – Books on Demand,
12/14 rond-point des Champs-Élysées, 75008 Paris
Impression : BoD - Books on Demand,
Norderstedt, Allemagne

Photo, conception de couverture : Jan Aufderstraße
Relecture du texte : Thierry Bandini

ISBN : 978-2-3223-9568-2
Dépôt légal : Septembre 2021

Sommaire

Chuté dans le temps 9

Sans la moindre idée 10

Le livre 11

Il y a de ces jours 12

Les pensées 14

A peine dix minutes 15

Parfois, en méditant 16

Filet social 17

Peurs 18

Drapeaux non déployés 20

Deseo 22

Désir 24

Et altera pars 26

Demande formelle 27

Aire frontalière 28

A l'aube quand je m'en allais 30

Exagération rêve-entêtée démesurée 32

Mea maxima culpa 33

Storming brain with dictionary 34

Sans filet 35

Terre, désolée 36

Discours d'une nuit	37
Négations	38
Sans rêve	40
De la mémoire de l'âme	41
Subtil équilibre	42
Coup de pouce	43
Da capo	44
Nos acercamos así	46
Ainsi nous nous approchâmes	47
Que feras-tu?	48
Sin consecuencia	50
Sans lendemain	51
Omissions	52
Constructions compliquées	53
Ne fais pas de manières	54
Quand j'avais inventé la roue	56
Quand j'avais inventé la poudre	57
Quand j'inventai ensuite	58
L'arc-en-ciel	58
Aller à contre-courant	59
Le frère de Morphée	60
C'est ainsi que je suis	62

Rideau	63
Doute	64
Le saut	66
Sens giratoire	67
Punaises	68
Tua maxima culpa	70
Papier	71
Commandements du passé	72
Qui j'aurais bien voulu être	74
Ce que j'aurais bien voulu faire dans la vie	75
Société de deux classes	76
City trips	77
Notes pour une allocution du baccalauréat	78
Questions rhétoriques	79
Soulevé du temps	80
Quand on lit certains textes	81
Citations	82
Postfarce	83
De l'auteur	84
Il reste de la place libre	86

Chuté dans le temps

Personne ne me voulait

Ou bien si ?

Un enfant de l'amour ?

Qui sait

A plus personne je ne pourrai demander

Du néant je chutai dans le temps

Et je suis arrivé

Sans la moindre idée

Un cendrier

Une pipe

Son embout séparé de la tête

Verre rempli d'agrafes de laiton

Au total de vingt-trois

Bougie, tirelire, découpoir et presse-papiers

Gobelet rempli de pinceaux, stylos et gommes

Un autre cendrier, livres de poche

Est-ce important, tout cela ?

Pourquoi je reste assis ici ?

Le livre

Enfin, je sens mon énergie

Demain, je foncerai

Tout est déjà préparé :

Le papier que voilà

Et la corbeille aussi

Le tabac, la pipe et le whisky

Les idées coulent sans arrêt

Rien de plus simple

Que d'en prendre des notes

Ne manque qu'un peu de calme

Pour m'y mettre demain

Ou bien après-demain

Il y a de ces jours

Il y a des jours où
Une fleur gribouillée sur un papier suffit
Et d'autres jours où
Il y a trop peu d'heures

Il y a des jours aux sirènes des pompiers
Et d'autres aux chansons d'enfants

Il y a des jours au grand silence
Et ceux aux orgies de pizzas

Il y a des jours
Qui se réduisent à un quart d'heure
Des jours aux malentendus
Mais même mal comprendre
Est une forme de compréhension

Il y a des jours aux grandes pluies
Des nuits aux étoiles et glacées
Superbes pour une promenade, mais …

Il y a des jours aux contes de fées
Et des jours aux poèmes

Puis il existe des jours qui se résument
A une seule parole

Il y a des jours remplis de champagne
Ou bien d'eau minérale
Ou bien trop de café

Il y a des jours au timide « ni oui ni non »
Ou au joyeux « non »

Et puis des jours aux anticipations

Des jours à 10 ou 16 ampères
Ou ceux
Qui n'ont pas besoin de fusibles

Les pensées

Soit – Les pensées sont libres
Où est le problème ?
Les sentiments ne le sont pas

Je pense ce que je veux
Mais ce qui me rend heureux
Sort de mes tripes

Et si l'on m'enferme
Dans la geôle obscure
De mon âme
Les pensées ne vont pas
Déchirer les murailles

(Inspiré d'une vieille chanson de liberté allemande)

A peine dix minutes

Pendant à peine dix minutes puis-je
Souffrir en moi et en silence
Ou c'est le téléphone ou bien mon mobile
La sonnerie de la porte d'entrée
Ou bien une voix qui crie d'en bas : « café »

L'extase n'est pas réalisable
Ni sentiment de deuil ni de bonheur

Ce qu'on peut vivre à fond
N'est plus que de la mélancolie

Parfois, en méditant

Ou ex abrupto

A l'occasion d'une halte dans la phrase

Se montre dans mon visage

Imperceptiblement

Un sourire

Non sans raison

Filet social

Dans les périodes
De faiblesse conjoncturelle
Il y a tout lieu
D'imposer les revenus d'âmes plus élevés
D'une taxe supplémentaire intérieure

Jusqu'à ce que le creux de la vague
Soit traversé

Peurs

D'une âme restée enfant

Peur

D'être mal compris
Que tous les textes n'aient plus de valeur
Des masques (les siens compris)
De trop de présence publique
De trop s'accrocher
De blesser

De n'être plus spontané
Que ma médiocrité soit dévoilée
D'être trop intrusif
Que solidarité, confiance et consensus fondamental
Puissent subir des dégâts

Que tout ne soit pas dit
Que trop pourrait être dit
D'être trop sensible
D'avoir de fausses impressions
D'ignorer les cohérences

D'accord – j'avoue :

Peur

De n'être plus aimé

But I'm just a soul who's intentions are good
Oh Lord, don't let me be misunderstood

Ne loupez pas notre prochain épisode
Au titre « Confiance »

Drapeaux non déployés

Ce n'est pas aux drapeaux déployés
Pas aux jupes flottantes au vent
C'est aux pas doux

Pas de plein fouet
Pas de toutes forces
C'est doucement, tout de toi-même

Ce n'est pas aux regards ardents
Pas au sang bouillonnant
Le pouls indiscernablement à peine accéléré

Ce n'est pas comme une tempête
Pas comme un tremblement
C'est comme un souffle

Que tu venais vers moi

Les cheveux badinants

Les grands yeux

Les mains tâtonnants

Je les ai vus

Mes bras sont grand ouverts

Deseo

El deseo de cercanía

Crece por la cercanía

El deseo de hablar

Crece hablando

El deseo de ser amado

No se asegura por la respuesta

El deseo de ver lo bello

No se cumple por lo bello

El deseo de dar duración

A este movimiento, a esta conmoción

Es grande, nunca seguro y nunca cumplido

El movimiento permanente
Puede ser amistad
La amistad podría ser
Tan sólo movimiento

Amistad contigo
Con tu misterio
Con tu vulnerabilidad

Es más

Désir

Le désir de proximité
S'accroît par la proximité

Le désir de parler
S'accroît en parlant

Le désir d'être aimé
N'est pas rassuré par la réponse

Le désir de voir le beau
Ne s'accomplit par la beauté

Le désir de faire durer
Ce mouvement, cet ébranlement
Est grand, jamais assuré, jamais satisfait

Le mouvement permanent
Peut être amitié
L'amitié pourrait être
Seulement mouvement

Cette amitié
Avec ton mystère
Avec ta vulnérabilité

C'est encore plus

Et altera pars

Il y avait des réalités décevantes
Il y avait des rêves
Il y avait l'envie
Et il y avait le doute

J'étais déchiré
L'amour me prenait des deux côtés

Puis il y a eu l'entrevue
Et j'ai perdu une amante
Mais gagné une amie

Demande formelle

Qu'on interdise :
Toutes les VW coccinelles rouges
Tous les Eats Standings
Toutes les sacoches en jute
Les doubles expressos

Les eaux de parfum sauvage
Les jeans tout délavés
Le rouge à lèvre couleur mauve
Les bonnets tricotés maison

La rose pimpinellifolia

Tous les romans d'amour
Ainsi que les poèmes de ce genre
Toutes les chansons en Sol mineur
Et en Mi bémol

Mais pas l'amour en tant que tel

Aire frontalière

Derrière la ligne de démarcation
De notre amitié
S'étale l'empire d'Habibistan

Il n'y a pas de barbelés
Mais en passant la frontière
On peut se blesser
Gravement

Le passage
N'est pas miné
Mais lourdement gardé

Nous pouvons y passer
Chacun pour soi seulement
Y va parfois
Ensemble, on n'a pas droit
A un laisser-passer

De temps à autre, mais pas très fréquemment
Le garde regarde de côté
Alors nos mains peuvent caresser
Le sol d'Habibistan
Imaginer
La largeur de la plaine
Ressentir
L'été dans la campagne
Percevoir
Le tendre souffle de l'air

A l'aube quand je m'en allais

A l'aube, quand je m'en allais
L'air était rempli de poèmes
Des formations de cristaux tendres
Qui ne supportaient pas
Le tape-à-l'œil

Quel bavardage de
« Nuits d'amour », « clair de lune » ou « tête-à-tête »

Deux corps – Humains – deux Etres
Qui se caressent
Muets, tout en douceur
Et se noient simplement
Dans l'existence pure
Et la tendresse

Qui ne gaspillent aucune de ces paroles vides
Sur eux-mêmes, vers eux-mêmes
Qui en silence et solidairement
Eprouvent profondément
Ce peu de vie qui nous est réservé
Et mutuellement se devinent, se ressentent
En cette grande obscurité

Exagération rêve-entêtée démesurée

Même si les aiguilles tournent

La théorie de la relativité nous enseigne

Que le ciel étoilé

Là-bas, là-haut

Au-dessus des brumes du Gange

Peut s'arrêter à perte d'haleine

Quand un grain de sable

Entre quatre yeux

Se met dans l'engrenage

Mea maxima culpa

Sur le chantier

De ma vie intérieure

Tu commençais

A déblayer le détritus

Tu gâchais le mortier

Coulais le béton

Avec circonspection

Et tu remontais les murs

Mais avant que le toit

Soit fini

Tu te rendis compte

Que je n'allais pas

T'y laisser vivre

Storming brain with dictionary

ardemment	
carrément	
démésurément	à deux
discrètement	aimable
illégalement	aisé
illicitement	content
imméritément	
impartialement	enamouré
imprévisiblement	existant
inadmissiblement	gentil
incrédiblement	
indécemment	heureux
indomptablement	intemporel
indument	pétillant
inexplicablement	
ininterrogément	présent
inopinément	serein
inouiment	taciturne
insolemment	
insoupçonnément	tendre
intangiblement	voletant
intégralement	
involontairement	
spontanément	

Sans filet

Sans filet

Des sentiments délicats se balancent

Sur la corde vers le lointain

Rarement ils arrivent au bout

Sans vertiges

Terre, désolée

Sur la mousse couvrant les murs
Des ruines
Un endroit
Où quelque chose éclôt

Sur le monceau des décombres
Une lumière comme imaginée par Dalí

Un souffle chaleureux
Au-dessus de la plaine
Eveille le germe
D'un nouveau souvenir
Du potentiel

Par la mousse et les herbes sauvages
Entre fougères et pâquerettes
Dans une niche
Doucement et muet
Un rayon
Emerge

Discours d'une nuit

Discours d'une nuit
Tenu par une étoile
Qui perd son manuscrit le jour
Les auditeurs sont les amants
Qui attendent qu'elle parle

Musique des sphères
Suivant la grande partition
Que jamais homme n'ait vu

Le poème est à sa fin déjà
La nuit aussi
Le réveil sonne
L'étoile est invisible la journée

Négations

Ne pas trop parler

Ne pas réfléchir

Ne pas aimer

Laisser venir

Laisser le temps agir pour moi

Ou contre moi

Ne rien regretter

Ne pas se réjouir d'avance

Pas trop fort, en tout cas

Ne pas arranger

Ne pas pousser

Ne pas pleurer

Pas trop, en tout cas

Chacun est un
Et un n'est aucun

Ne pas faire peur
Pas trop, en tout cas

Sans rêve

Dès que les larmes deviendront inévitables

Disais-tu

Quand les nuits commenceront

A devenir blanches

Disais-tu

On arrête tout simplement

Quand nous commencions à retenir

Les larmes

Nous prenions déjà

Des somnifères

Les larmes, entretemps

N'ont plus aucun sens

Et nous dormons

Sans rêve

De la mémoire de l'âme

Le papier qui les porte
On peut le
Détruire

Mais les émotions mêmes
Sont-elles de ce fait
Egalement mortes ?

Même si l'âme
Est en exil
Perd-elle de ce chef
Sa mémoire ?

On reste responsable
Du renard qu'on a apprivoisé
Et la rose
Qu'on soignait jadis
Reste unique
Même si lointaine

Subtil équilibre

Debout sur la corde
Pour la première fois
Pouvoir regarder en bas
A gauche et à droite
Sans sentir de vertige

Combien de pas devant soi ?
Ce serait beau si la corde
Etait sans fin

De bonnes cordes tiennent bon
Dans les vingt, trente ans peut-être

Ou éternellement

Coup de pouce

Colle-toi

A ma poitrine

Et pleure

Et quand t'auras fini

On change de place

Et quand tous les deux

Nous serons soulagés

Reviens dans mes bras

Et nous rirons

Da capo

Tout revivre

En mémoire

A nouveau

Ecouter les chansons

Encore une fois

Réécrire

Les poèmes

Par-ci mettre un verbe

Au passé

Par-là rayer

Une phrase

Oublier

Un mot

Percevoir

Un nouveau ton

Eprouver

Une nouvelle espérance

Pressentir

Le désastre

Da capo !

Depuis le début !

Al segno ?

Jusqu'au signe ?

Nos acercamos así

Como si nos hubiéramos conocido

Desde hace mucho

Me preguntaste si era él

Del que conocías ya el nombre

Por mi libro

Y empezamos

A hablar de cosas comunes

Sintiendo ya

Que en realidad

Hablamos

De algún amor

Fugitivo

Sin perspectivas

Pero existente

Durante una semana

Sabíamos

Que habíamos

Pasado la límite

De ser extranjeros

El uno para el otro

Ainsi nous nous approchâmes

Comme si nous nous étions connus

Depuis longtemps

Tu m'as demandé si j'étais celui

Dont tu connaissais déjà le nom

Figurant sur mon livre

Et nous avons commencé

A parler de choses banales

Sentant déjà

Qu'en réalité

Nous parlions

De quelconque amour

Fugitif

Sans perspectives

Mais existant

Pendant une semaine

Nous savions

Que nous avions

Passé la limite

D'être des étrangers

L'un pour l'autre

Que feras-tu?

Que feras-tu

Quand après des années

Tu me croiseras tout par hasard ?

T'arrêteras-tu un peu avant

Tout en pensant :

Zut, je connais ce type

Quel est déjà son nom ?

C'était bien à l'époque, en mille-neuf-cent…

Vas-tu, une larme dans ton œil

Poursuivre ton chemin tout simplement

Comme si tu ne m'avais pas vu ?

Vas-tu courir vers moi

Tout joyeusement

Et m'adresser :

Salut ! Quelle joie de te revoir ?

Me parleras-tu fièrement de tes enfants

Maison, jardin, job à mi-temps ?

Vas-tu, la voix un peu tremblante,
Parler de ton divorce
— Il y a déjà deux ans de ça —

Et dire qu'après cette expérience
Certainement, et c'est juré,
Tu ne tomberas plus jamais dans le piège ?

Peut-être diras-tu tout aisément :
Salut, mon vieux
Me donneras une léger coup de coude
Et nous prendrons un verre ensemble
Tout comme en ce temps-là

Que vais-je faire, moi
Quand après des années
Je te croiserai tout par hasard ?

Sin consecuencia

Yo te ví

Tu me viste

Me mirabas

Yo te miraba

Se fijaban nuestras miradas

La una en la otra

Tu ardías

Yo ardía

Y voluntarios

No nos tocamos

Ni nos hablamos

Nos separamos

El uno se fué en una dirección

El otro en la otra

Sans lendemain

Je te vis

Tu me vis

Tu me regardais

Je te regardais

Nos regards se fondaient

L'un dans l'autre

Tu brûlais

Je brûlais

Et volontairement

Nous ne nous touchâmes

Ni nous nous parlâmes

Nous nous séparâmes

L'un partit dans une direction

Et l'autre dans l'autre

Omissions

Ne pas saisir

une main

Ne pas caresser

un cheveu

Des lèvres

qui ne se touchent pas

Des bras

qui ne se frôlent pas

Des regards

qui ne se croisent point

Et pourquoi pas, au fond ?

Les rêves ne sont pas délictueux

Constructions compliquées

Avoir le droit de croire

De n'avoir rien dit de faux

Pouvoir supposer

D'avoir eu la permission

De dire quelque chose de faux

Savoir

Que même ayant dit quelque chose de faux

N'exclut pas

D'avoir été

Bien compris

Ne fais pas de manières

Pourquoi tu es si bête,
petite rainette ?
Te caches ici dans ma maison
de peur que je te localise.
De temps en temps, tu pousses un « bip ».
Ce qui est énervant.

Pourtant, tu es comme moi, peut-être
– mon frère, ou quoi donc ?
Tu ne mesures qu'un pouce en long.
Ne veux pas te montrer au monde
et fais pourtant du bruit.

Tu veux seulement me dire
à quel point tout est insignifiant.
Seul un moustique par-ci, par-là
paraît te suffire pour survivre.

Eh bien – ton cri d'amour,
je le comprends.

Donne-moi la chance de montrer
le bout de ton nez
pour que je te mette au grand air.
Peut-être qu'alors to cri
Sera un beau jour exaucé.

Quand j'avais inventé la roue

Quand j'avais inventé la roue
Tout de suite le jour après
Est arrivé un beau monsieur
De la caverne des brevets
En me faisant savoir
Qu'il connaissait déjà un acheteur :
L' « International Troglodytes Company »

Ce soir même
Je voulais bien brûler ma roue

Pourtant je devais constater
Qu'un quelconque idiot
Avait déjà créé
Les sapeurs-pompiers volontaires.

Quand j'avais inventé la poudre

Quand j'avais inventé la poudre
Je me sentais pas mal génial
Quelle joie pour tous ces gens
Les jours de fêtes nationaux
Et internationaux
Ainsi qu'au jour de l'an
Quand les fusées
Crachaient de l'or et de l'argent
Et toutes sortes de couleurs
Sur les toiles de fond du ciel

Mais puis vint Frère Schwarz
Qui trouva encore plus
De champs d'application
Pour cette substance noire
Et je ne pouvais plus
Renier ma trouvaille

Quand j'inventai ensuite L'arc-en-ciel

C'était un acte spontané, inespéré
Juste en passant, au bord de ma rivière
De sous-rouge jusque sur-lilas
Il s'étendait sous forme de cône
De la surface de l'eau jusqu'aux hauteurs du ciel
Où il se diluait
Dans un nimbostratus
Et plein de gens virent cette apparition
Et s'en réjouissaient
Sauf Jimmy. Il n'y allait pas
Car l'arc-en-ciel ne peut
Servir de marchandise, outil de guerre
Trop éphémère pour la bourse
Et nul n'est titulaire d'un brevet
Pour cette fois, j'étais bien heureux
Mon génie inventif se mit
A consacrer mes forces
A d'autres phénomènes semblables

Aller à contre-courant

Je voudrais piétiner le gazon
Et y cueillir des fleurs
Laisser les parents en être responsables, soit

Dépasser tous les vitesses
Brûler n'importe quel feu rouge
Prendre la Rue de Vaugirard
En marche arrière sur toute sa longueur
Fixer les vis au marteau
Faire exploser les décibels
A trois heures de la nuit avec ma batterie
Laisser chier mon chien
Au milieu du trottoir
Ne plus me cacher sous un masque
T'appeler à haute voix
Depuis une zone de repos
Te caresser avec des gestes immoraux

Je voudrais simplement aller à contre-courant

Le frère de Morphée

C'est de la mort que parlait le curé
Vie éternelle et Grâce de Dieu
Pendant une demie heure
Et personne n'écoutait vraiment
Le mort gisait dans son cercueil
Dans son sépulcre presque
Pourquoi le louanger encore ?
Il a trouvé sa paix

Des décédés s'accroît le nombre
Ils n'ont plus besoin de soins
C'est nous, Curé, nous qui vivons
Encore, qui aurions besoin de toi
Même si nous sommes minoritaires
C'est des minorités qu'il faut prendre soin.

Le prêtre parlait de Lazare
Espère-t-il échapper à la contrainte majoritaire ?
Mon révérend, ne te goure pas
Tu es mon frère

Je n'ai pas pris ma vie en fief
Elle s'octroya à moi en force
Dis-moi, Curé, où est le sens ?
Forcé à vivre
Forcé à mourir
Est-ce là le sort de l'homme ?

Le prêtre arrêta son prêche
Ferma la bible et chantait
– A moitié seul –
Puis il nous approcha
Nous secouait les mains
Et passa à nous tous
Le virus de la mort

C'est ainsi que je suis

Un tant soit peu d'insouciance

Un peu de sérieux

Quelque éthique sociale chrétienne

Un peu de liberté de Sartre

Un brin d'absurde de Camus

De l'homme révolté aussi

Et de l'amour

Venant de moi ?

Du Bach, Beethoven et Ray Charles

Mais pas tellement Hervé Vilard

De l'orgue et du piano

Puis vibra- et du saxophone

Et du papier. Des montagnes de papier

C'est ainsi que je suis

Apparemment

Rideau

Plus d'explications

Un regard

Tendre

Compréhensif

Les paupières

Abaissées

Un peu plus que d'habitude

Pas de poignée de main

Les bouts des doigts seulement

Sans aucune pression

A peine touchés

Plus de caresses

Un baiser ?

Non, pas de pathétisme

En hésitant

Les doigts

Se détachent les uns des autres

Doute

La mort n'est pas une issue
Bien sûr
Mais elle peut mettre un point d'arrêt
Aux autres maintenant
De prendre la relève

J'ai apporté ma pierre à l'édifice
Mais manqué de succès

La vie n'a plus rien à m'offrir
Que je n'aie savouré

La certitude qu'il me faut encore
– En fait, je l'ai déjà
La décision est faite –
Repose dans le libre arbitre

Je peux renoncer
Aux nouvelles éditions
De vieilles expériences

Et puis ce nouveau choc

Que je devais te rencontrer

Oui, toi précisément

Jamais personne ne m'était plus cher

Me faisait respirer dorénavant

Le saut

Un beau jour je vais sauter
Du train qui m'emmène
Ou tirer la sonnette d'alarme
Sans raison apparente
Alors on me demandera des comptes
Mais je dirai tout simplement :
Là où le train me porte
Je ne voulais pas y aller de toute façon
Je ne veux même pas me faire rembourser
Le montant du billet
Gardez-le et soyez heureux

Désormais je me promènerai
A côté des rails infinis
Et dès qu'un aiguillage apparaîtra
Je l'ajusterai moi-même
J'ignorerai tous les signaux d'arrêt
Même si une collision paraît inévitable

Sens giratoire

Sur les Champs-Elysées
De ta vie
Tu roulais
Jusqu' à la place des grandes étoiles

Tu arrivas au grand sens giratoire
Où il y avait douze sorties
Et trop de raisons
Pour en choisir une

Tu tombas au milieu du cercle
Tournais en rond mille fois
Cerné par le chaos
Et n'osais pas changer de voie

Du fait qu' encore et toujours
Tu tournes en rond
Rond, rond
Jusqu' au moment
Le réservoir est à moitié plein

Punaises

Des punaises sur la table

Dans une fente des cancrelats

Ah ! Quel déjeuner superbe !

Les vaisselles d'une semaine guettent

Mes doigts crasseux, graisseux

Puis une clope

Putain !

Trou dans le tapis

J'y mets une boutanche de vodka

Hop, elle cache le gourbi

Puis roupiller un coup

Quatre heures, ou bien et demie ?

Faut juste que je voie Earnie

Voulait me trouver une meuf

Earnie pas chez lui

Est en détention préventive

Disent-ils, pour avoir

Violé une bonne sœur

Donc je passe juste chez Bertie

Du whisky, il en a toujours

Sauf qu'il se shoote, c'est pas mon goût
Quand j'arrive, il somnole
Pas abordable, High comme Noon
Etre seul, c'est une grande merde
Alors je branche une nana
Qui dit qu'elle connaît bien
Ce genre de gringue depuis longtemps
Au coin de la baraque un mec
Dégueule contre le réverbère
Un chien arrose un arbre
Et puis se jette sur une chienne
Le monde est galeux, sordide
Je veux vite revenir chez moi
Dans les pénates de ma piaule
Où m'attend cette boutanche
Et je ne suis plus seul

Tua maxima culpa

Sur le chantier

De ton existence

Je commençais

A piqueter l'espace

A édifier les bases

En faisant tout cela

J'observais soigneusement

Les prescriptions techniques particulières

Mais avant même que le ciment

Ait finalement séché

Je me rendis compte

Que tu n'allais pas

M'y laisser nicher

Papier

J'écris

Ce que je veux

Le monde peut le lire

Censure interdite

Il ne faut pas tout croire

Même si certaines choses

Existaient dans les faits

Ou existent encore

Même assis ici

Dans ma sombre taule

Ou dans la véranda

Il en est ainsi

Le papier ne rougit point

Commandements du passé

Tu n'aurais pas dû avoir d'autres dieux que moi
Ben non, je n'en avais pas. Ce peu d'alcool, de sexe, jeu,
musique – ça ne compte pas, je suppose

Tu n'aurais pas dû invoquer le nom du Seigneur
ton Dieu pour le mal
Tonnerre de Dieu et Foutre Dieu ! Pourquoi pas ça, alors ?
Parfois ça m'était bien utile

Tu aurais dû faire du sabbat un mémorial,
un jour sacré
Je l'aurais bien voulu. Mais l'agenda ne me le permettait pas,
parfois. En ces cas, j'ai chômé un jour ouvré

Tu aurais dû honorer ton père et ta mère
Ne l'ai-je pas fait ? Cependant, mon père, m'a-t-il honoré ?

Tu n'aurais pas dû commettre de meurtre
Je n'en ai pas commis. Comment aurais-je pu, en objecteur de
conscience ? Ces quelques mouches ne comptent pas, j'espère

Tu n'aurais pas dû commettre d'adultère
Euh – j'ai seulement tâté le terrain

Tu n'aurais pas dû commettre de vol
Ces quelques idées et citations cachées ? Personne ne s'en apercevra. Et si oui, tant pis alors

Tu n'aurais pas dû porter de faux témoignage contre ton prochain
Je ne l'ai fait que pour le protéger – ou moi

Tu n'aurais pas dû convoiter la femme de ton prochain, ni son serviteur, ni sa servante, ni son bœuf, ni son âne : rien de ce qui lui appartenait

Ma foi, j'ai toujours rêvé d'une Jaguar. Sa femme était laide, sa servante trop vieille, son âne n'avait pas bon goût. Et je n'ai jamais asservi personne

Qui j'aurais bien voulu être

Lionel Hampton

Stendhal

Charles Baudelaire

Humphrey Bogart

Mahatma Gandhi

Monsieur Lune

Le commissaire San-Antonio

Mais pas :

Alfred Nobel

Gollum

L'homme au masque de fer

Le Colonel Paul Tibbets

Charles Manson

Alois Hitler jr.

Que des foutaises

Je suis qui je suis

Et cela suffira

Ce que j'aurais bien voulu faire dans la vie

Jardinier d'Eden

Concierge de poulailler

Nuitaliste à la télé

Chancelier de loterie

Vitrier vasistasiste

Onglopède

Capitaine de barque à rames sur l'Isle

Terroriste de bombes glacées

Comandant de file indienne

Servant d'Hôtel de Ville

Vendeur de villas vilaines en Vendée

Inspecteur des eaux et furets

Buraliste de locations fumistes

Autant en emporteur de vents

Joueur de Meaux

Et ainsi de suite

Ce qui n'est pas, peut encore l'être

Société de deux classes

Pauvre ou riche

En haut et en bas

Faible ou fort

Jeune ou âgé

RSA ou DAF

Eco ou première classe

Repu ou affamé

Sarcelles ou XVIe

Nageur et non-nageur

Vacciné ou non

Influenceur ou influenza

Végan ou carnivore

Ecuyère ou chevalière

AuteurE ou lecteur, lectrice

Deux classes ne suffisent plus, à dire vrai

Dans une société queer

City trips

Trois lieues jusqu'à Harrisburg
En passant par Tchernobyl vers Fukushima
De Seveso à AZF
De Stalingrad à Dien Bien Phu
Et de Saïgon à Kaboul
De Drancy jusqu'à Birkenau
En passant par Dachau
De Lockerbie à Manhattan
De Pompéi à Eyjafjöll
D'Atlantide à Néapolis
De Vichy à Paris
De Paris à Moscou et à Waterloo
De Haskell County à Wuhan
De Berlin 53 en passant par Budapest 56 à Prague 68

Il y a maintes destinations
Il y en avait, il y en aura
Qu'on s'y prépare mentalement

Notes pour une allocution du baccalauréat

Nous vous avons enseigné
Que notre civilisation remonte
A un peuple d'esclavagistes

Comment résoudre un conflit au mieux :
Le carnet de notes dans la main

Que celui qui a le pouvoir
Décide du droit

Que les relations humaines
Sont exprimées en métaphores de guerre

Nous vous avons appris
Le concept de l'humanisme
Mais oublié de vous dire ce que
Signifie être humain

Questions rhétoriques

Où si ce n'est pas ici

Comment si pas de cette manière

Quoi sinon précisément cela

Pourquoi sinon pour ça

A qui sinon à eux

Par qui sinon par toi ou moi

Qui si ce n'est pas nous

Quand si pas maintenant ou jamais

?

Soulevé du temps

Et un beau jour
Je serai posé là
Dans un boitier sans ornement
Léger, réduit à poussière grise

Ne me dispersez pas dans les quatre vents
Plutôt dans ma rivière
Où je pourrai
Porté par le courant en douceur
M'engouffrer dans la mer
Et ne faire qu'un avec mon univers

Et avec Toi
Quand Ton temps se présentera
Et Toi aussi
En seras soulevée

Quand on lit certains textes

Quand on lit certains textes
De Baudelaire, Brecht, Kaléko
De Lorca, Eliot ou Ronsard
De Rimbaud et des autres grands
On a la sensation
Qu'on n'aurait pas besoin
De les réécrire
Et l'on ne le fait pas
L'imitation ne peut point réussir
Mais il est permis de ressentir, se faire inspirer
Afin de créer du nouveau

Où, cher lecteur et chère lectrice
Mes textes te laissent ressentir et inspirer
J'aurai atteint mon but

Citations

« L'erreur métaphysique de faire de l'amante un être absolu se paie par des poèmes. »
(Octavio Paz)

« Le langage est source de malentendus. »
(Antoine de Saint-Exupéry)

« Quand – sinon maintenant ? Quand veut-on vivre si ce n'est pas dans le temps qui vous est donné ? »
(Christa Wolf)

« Goethe était super. Il savait rimer. »
(Rudi Carrell)

Postfarce

Fatigué je suis

Vais me coucher

Ne peux fermer l'œil

Lecteur, lectrice, laisse reposer tes yeux

Indulgemment

Sur mon petit opuscule

(D'après une vieille chanson enfantine allemande)

De l'auteur

Hartmut Aufderstraße

Né en province allemande, la Westphalie orientale

25 jours après la mort de Staline

3 mois et 18 jours avant l'insurrection du 17 juin en Allemagne de l'Est

A la date exacte :

109 ans après la naissance de Paul Verlaine

100 ans après la naissance de Vincent van Gogh

74 ans après la naissance d'Albert Einstein

70 ans après la mort de Karl Marx

20 ans après la naissance de Michael Caine

8 ans après la naissance d'Eric Clapton

Etudes de Français, Espagnol et Sciences Littéraires aux Universités de Bochum et Bielefeld

Professeur en Allemagne et à l'Ecole Européenne de Luxembourg

Coauteur de nombreux ouvrages d'apprentissage de langues étrangères, surtout de l'allemand

Ecrivain indépendant depuis 1996

Vit en Nouvelle Aquitaine (Périgord)

Marié, 2 fils, 1 petit-fils

Intérêts : Jazz, littérature, vins du Bordelais

Ce livre se compose de textes qui avaient été écrits à l'origine en allemand, certains en espagnol. Il ne s'agit pas ici d'une pure traduction – qui n'est pas possible pour les textes à aspiration poétique.
Ils ont été récréés, en conséquence, par l'auteur.

www.aufderstrasse.net

books@aufderstrasse.net

Je tiens à remercier chaleureusement mon ami
THIERRY BANDINI
pour la relecture du texte et maints conseils.

Hartmut Aufderstraße

Il reste de la place libre

Pour tes idées

Inspirations

Chimères

Du rimé ou qui rime à rien

Si tu te sens inspiré

A écrire quelque chose ici

A griffonner ou dessiner

C'est alors que ce livre

Sera le tien en vérité